Feenstaub-Debatte
Ausgewählte Chansontexte I

Markus Sauer

Feenstaub-Debatte
Ausgewählte Chansontexte I

Bibliografische Information der Deutschen Nationalbibliothek:
Die Deutsche Nationalbibliothek verzeichnet diese Publikation
in der Deutschen Nationalbibliografie; detaillierte bibliografi-
sche Daten sind im Internet über http://dnb.dnb.de abrufbar.

© 2019 Markus Sauer
Edition Zscherndorfer
Herstellung und Verlag:
BoD – Books on Demand, Norderstedt.
ISBN: 9783748189534

Inhalt

Als ich ein kleiner Junge war	7
Data Blues	10
Dinowelt	12
Du hast doch aus mir getrunken	15
du hast mich erfunden	17
Flusskönigin	19
Heiner	22
Heute gibt's Papaya	26
Irgendwann	30
Jahreszeiten	33
Julie	35
Kalauertourette	37
Kenn' Sie das auch?	40
Kleiner Jakob	43
Meine kleine Renaissance-Schlampe	46
Meine schönsten Träume	49
Mond und Wind	51
Obsession	54
Publikumsbeschimpfung	56
Reicht doch so (Das Lied von Maß und Mitte)	58
Respekt! Respekt! Ja ja.	61
Sag' jetzt bitte nichts Falsches	64
Schwäne, Spiegel und Linden	66
Sophiechen	69
Straßenmusiker in Paris	72
Straßenschild und Polizisten	75
Tausend Jahre sind ein Tag	77
Thekenphilosoph	80
unlied (für dich)	82
Verbotene Liebe	85
Vertröstelied	87
Wenn wir was anderes wär'n	90
You, Me & Mo	94
Epilog:	
Die Macht der Musik	98

Als ich ein kleiner Junge war
G-Dur

Als ich ein kleiner Junge war,
damals, da war ich noch nicht da,
also: der, der ich jetzt bin,
war damals noch nicht da,
als der da war, der damals
ein kleiner Junge war.
Seltsam, seltsam, seltsam.

Ich war mir sicher, dass der Eiffelturm
in der Eifel steht,
dass, wenn der Nordmann durch die Tannen bläst,
dass dann der Nordwind weht,
ich hörte gern den Räuber Hotzenplotz,
weil der nicht richtig böse war,
ich dachte Armbrust wär' ne Krankheit
und Walter Scheel wär' der Zar
von Deutschland.

Als ich ein kleines Mädchen war,
damals, da war ich noch nicht da,
also: die, die ich jetzt bin,
war damals noch nicht da,
als die da war, die damals
ein kleines Mädchen war.
Seltsam, seltsam, seltsam.

Ich war in Daktari verliebt
und hab' das nur meiner Barbie anvertraut,
ich dachte, Papas gehen ins Büro
oder werden Astronaut,
abends hab ich im Bett gesungen,
bis ich eingeschlafen bin,
und ich dacht': wenn ich groß bin,
werde ich vielleicht Prinzessin
oder Lehrerin.

Wenn ich ein alter Mann dann bin,
dann ist der, der ich jetzt bin hin,
also: einer, der mal ich war,
sitzt dann da mit grauem Haar,
und wenn das noch derselbe ist,
bin ich noch immer da.
Seltsam, seltsam, seltsam.

„Verpasst", „vorbei",
das werden keine Worte für mich sein,
ich bin viel in Gesellschaft –
manchmal mittendrin allein,
ich sitz' mit Rotwein und mit Laptop
irgendwo im Sommerwind
und schreibe meine Memoiren,
weil die von allgemeinem
Interesse sind.

    Wenn ich mal eine Greisin bin,
    da geht ja wohl die Reise hin,
    wird eine sein, Erfahrung groß
    und Illusionen klein,
    in irgendeiner Hinsicht
    werd' ich das wohl selber sein.
    Seltsam, seltsam, seltsam.

    Ich werd' zu stark geschminkt sein,
    reise ziemlich viel herum,
    studiere thailändische Philosophie
    im Seniorenstudium,
    ich werde heimlich
    nach dem türkischen Bademeister seh'n,
    wenn wir am Warmbadetag
    an der Massagedüse steh'n
    im Spaßbad.

Was war, bleibt nicht für immer da,
was kommt, ist heute noch nicht wahr,
und was jetzt Gegenwart ist,
kann uns in der Zukunft nicht mehr stör'n,
doch wird es als Vergangenheit
trotzdem zu uns gehör'n.
Seltsam, seltsam, seltsam.

Data Blues
C-Dur

Ich hab' 243 Facebook-Freunde
und 13487 Payback-Punkte.
Ich hab' 243 Facebook-Freunde
und 13487 Payback-Punkte.

Mein BMI ist 26,
aber schon seit 3 Jahren konstant,
und genau so lange bin ich schon
von Gehaltsgruppe 8 auf über Tarif.

Data Blues.
Data Blues.
Data Blues.
Data Blues.

Ich hatte mit 34 schon alles erreicht,
was ich mit 40 erreicht haben wollte.
Ich hatte mit 34 schon alles erreicht,
was ich mit 40 erreicht haben wollte.

Ich bin seit 2 Monaten beim Handy und beim Fitness-Studio aus
der Vertragsbindung raus.
Ich zahle 300 Euro monatlich extra
für die Altersvorsorge.

Data Blues.
Data Blues.
Data Blues.
Data Blues.

Mir fehlen ohne Antarktis noch 2 Kontinente,
die ich bereisen kann.
Mir fehlen ohne Antarktis noch 2 Kontinente,
die ich bereisen kann.

Ich hab' 380 %
mehr Bücher als DVD´s.
Ich hab' 27 neue Nachrichten,
3 Freundschaftsvorschläge
und 247 Facebook-Freunde.

Data Blues.
Data Blues.
Data Blues.
Data Blues.

Ich hab' 3 x eine Mitarbeiterin zum Heulen gebracht
und 4 Beziehungen verkackt.
Ich hab' 3 x eine Mitarbeiterin zum Heulen gebracht
und 4 Beziehungen verkackt.

Ich habe 0 Kinder
und nach der Statistischen Sterbetafel
der Privaten Krankenversicherung
noch 41 % meiner Lebenszeit vor mir.

Data Blues.
Data Blues.
Data Blues.
Data Blues.

Dinowelt
A-Moll / A-Dur

Manchmal fühl ich mich so ornithopod...

Und dann denk' ich nach:
Wie lange geht das jetzt schon?
Ich glaube:
es begann mit meiner Erstkommunion.
Nach Christi Blut gab's Sekt
und die Erwachs'nen wurden laut.
In der Ecke auf dem Tisch
war'n die Geschenke aufgebaut.

Ein Buch unter vielen
machte mir am meisten Spaß:
graues Tier mit langem Hals vorn drauf,
das fragte: Was ist Was?
Diese Frage, die lässt mich
seitdem nicht mehr los,
ich hab' sie liebgewonnen,
sie sind so alt und groß:

     Ich hab' Kreide gefressen, Jura studiert,
     zum Dessert hätt' ich Euch sehr
     gerne Perm-Knödel serviert,
     Trias-thlon ist mein Sport,
     mit einem Wort:
     Ich bin mesozoikalisch involviert.

Ich sitz' die ganze Woche
ziemlich fest im Büro.
Samstag ist dann Sport
und ich geh Joggen und so.
So, Familie, ich bin dann mal weg
und bis bald,
ich fahre mit dem Wagen
heut' zum Laufen im Wald.

Alles finden's gut,
dass sich der Papa so trimmt.
Leider hat das ziemlich häufig
gar nicht gestimmt.
Lieber möcht' ich oft
auf Kinderflohmärkten sein
und decke mich da
mit neuen Plastikdinos ein.

Ich hab' Kreide gefressen, Jura studiert,
zum Dessert hätt' ich Euch sehr
gerne Perm-Knödel serviert,
Trias-thlon ist mein Sport,
mit einem Wort:
Ich bin mesozoikalisch involviert.

Hinterm Hobbykeller
eine Spielzeug-Eisenbahn,
das ist was, womit ich
gar nichts gar nichts anfangen kann.
Zwar, ich hab 'ne Landschaft auch,
'ne grüne kleine Welt.
Aber keine solche,
wo ein Güterzug hält.

Brachio- und Brontosaurus, Iguanodon
laufen unter Farnen
vor dem T-Rex davon.
Schatz, kommst du ins Bett?
Ja ja, ich komm' –
doch nicht jetzt,
erst werden noch die Vel0ziraptoren umgesetzt.

Ich hab' Kreide gefressen, Jura studiert,
zum Dessert hätt' ich Euch sehr
gerne Perm-Knödel serviert,
Trias-thlon ist mein Sport,
mit einem Wort:
Ich bin mesozoikalisch involviert.

13

Gobisaurus, Trachodon, Paralititan
machen mehr als Goldfisch, Hamster, Pinscher mich an.
Ankyolo- und Stegosaurus, Triceratops
lieb' ich mehr als Wellensittich, Katze und Mops.

Ich hab' Kreide gefressen, Jura studiert,
zum Dessert hätt' ich Euch sehr
gerne Perm-Knödel serviert,
Trias-thlon ist mein Sport,
mit einem Wort:
Ich bin mesozoikalisch involviert.
Ich bin mesozoikalisch involviert.
Ich bin mesozoikalisch involviert –
in meine Dinowelt!

Du hast doch aus mir getrunken
D-Moll / D-Dur

Du hast doch aus mir getrunken, du Reh.
Und ich habe blind in der Wüste um dich geweint.
Wir waren Fischer und Nixe im See.
Und wir haben gewusst,
dass der Mond nicht jede Nacht
auf die Steine scheint.

Du hast doch hier auf meinem Stuhl gesessen.
Du hast doch von meinem vergifteten Apfel gegessen.
Du hast wegen mir den Weg verlassen
und bist zu den Blumen gegangen.
Und ich habe doch für dich
das Einhorn gefangen.

Wir haben doch über Gold und Stein gelacht
auf dem Brunnenrand, auf dem wir saßen.
Du hast doch für mich
dein Haar vom Turm heruntergelassen.
Ich war dein Bär,
du hast mit mir Mutwillen getrieben, Rosenrot.
Du hast doch hundert Jahre geschlafen und warst nicht tot.

Du hast doch aus mir getrunken, du Reh.
Und ich habe blind in der Wüste um dich geweint.
Wir waren Fischer und Nixe im See.
Und wir haben gewusst,
dass der Mond nicht jede Nacht
auf die Steine scheint.

Du wolltest doch immer wieder
meinen Namen wissen
und wir haben nie eiserne Ringe um die Herzen tragen müssen.
Du hast mich das eine geheime Wort gelehrt
und wir haben den goldenen Vogel
in den hölzernen Käfig gesperrt.

Wir haben doch zusammen die Hexe betrogen.
Du hast doch für mich in der Dunkelheit
dein Hemdchen ausgezogen.
Wir ließen uns nicht von dem Klopfen an der Türe stören
und wir konnten doch beide
die Blutstropfen sprechen hören.

      Du hast doch aus mir getrunken, du Reh.
      Und ich habe blind in der Wüste um dich geweint.
      Wir waren Fischer und Nixe im See.
      Und wir haben gewusst,
      dass der Mond nicht jede Nacht
      auf die Steine scheint.

Ich habe meinen Dudelsack
über den Stachelrücken geschnallt.
Ich glaube, wir finden nie mehr heraus aus diesem Wald.
Die Mauern des Schlosses sind plötzlich ganz nah.
Hast du es auf der Erde schneien lassen?
Der Himmel, er ist so klar!

Wir wollten doch zusammen
das blaue Licht aus dem trockenen Brunnen holen.
Wir hätten uns auf dem Weg zurück nicht umdrehen sollen.
Ich war dein Wolf, du hast dich vor mir versteckt.
Und manchmal denk ich,
ich hab dich bis heute nicht mehr entdeckt.

      Du hast doch aus mir getrunken, du Reh.
      Und ich habe blind in der Wüste um dich geweint.
      Wir waren Fischer und Nixe im See.
      Und wir haben gewusst,
      dass der Mond nicht jede Nacht
      auf die Steine scheint.

du hast mich erfunden
D-Moll

ich hab mir einen namen für dich
ausgedacht
aber das hast du ja schon vorher
für mich gemacht
wie ein lied
das sich selber hört
wie ein buch
das das andere erklärt
und umgekehrt

wer hat sich hier wen
überlegt
wer hat wem
seine Ideen eingeprägt
habe ich dich konstruiert
einen genialen entwurf realisiert
nein
ich glaube du hast mich zusammenphantasiert

du hast mich erfunden
ich bin ein produkt
deines sinns für witz und poesie
du hast mich gesungen
und ich liebe die melodie
da passen komplizierte akkorde drauf
der text der gibt mir manchmal rätsel auf
du hast mich erfunden

wenn du weinst
zerspringt mein herz
wenn du singst
dann summe ich die terz
scheint die sonne in dein gesicht
wird mir warm
du berührst meinen arm

manchmal sage ich
das kann alles wahr sein
das kann alles wahr sein
aber das sage ich nur
als die von dir erfundene
phantasiefigur

    du hast mich erfunden
    ich bin ein produkt
    deines sinns für witz und poesie
    du hast mich gesungen
    und ich liebe die melodie
    da passen komplizierte akkorde drauf
    der text der gibt mir manchmal rätsel auf
    du hast mich erfunden

manchmal träum ich
dass ich denke
ich bin wirklich da
doch dann denk ich
dass das dein gedanke war
ich hab die augen zu
ich hab die augen zu
ich träume dich
doch wer dann aufwacht
das bist du
das bist du

    du hast mich erfunden
    ich bin ein produkt
    deines sinns für witz und poesie
    du hast mich gesungen
    und ich liebe die melodie
    da passen komplizierte akkorde drauf
    der text der gibt mir manchmal rätsel auf
    du hast mich erfunden

Flusskönigin
D-Moll

Hier ist die Stelle, von der man sieht,
wie sich die Hügel drängen.
Hier steht noch die Weide,
deren Zweige bis ins Wasser hängen.

Hier die kleine Bucht,
in der das Wasser rückwärts fließt.
Alles, wie es war,
nur dass du nicht bei mir bist.

Wasserfrau,
Undine,
Nixe,
Flusskönigin –
Flüsse müssen fließen,
auch wenn keiner weiß wohin.
Quellnymphe,
Brunnenelfe,
Wellenfee!
Dass du niemals wiederkamst,
das tut mir weh...

Hier ist der Platz, wo das geschah,
was wir erst Picknick nannten.
Das war, als wir uns dreizehn Tage
und fünf Stunden kannten.

Hier staunten wir,
wie froh man sein kann, wie verrückt.
Fast sieht es aus,
als wär' das Gras noch von uns zerdrückt.

Hier dieser Baum war in der Nacht
von kaltem Silberschimmer.
Das Bett von Moos darunter nannten wir
unser Hochzeitszimmer.

Ich dachte mit einem Schauern:
Vielleicht wird's auch unser Grab.
Hier auf diesem Fels sangst du das Lied,
das ich nie vergessen hab ...

Wasserfrau,
Undine,
Nixe,
Flusskönigin –
Flüsse müssen fließen,
auch wenn keiner weiß wohin.
Quellnymphe,
Brunnenelfe,
Wellenfee!
Dass du niemals wiederkamst,
das tut mir weh ....

      Wusstest du: ich hab' genau gezählt,
      wie oft ich alleine hier war?
      Immer wegen dir,
      wenn's auch nur das erste Mal
      mit dir war?
      Ich seh' die Spuren deiner Füße
      hier vor mir im Sand.
      Später, wenn es dunkel wird,
      dann hältst du wieder meine Hand.

Egal, was auch die Zukunft brächte,
alles, alles könnte kommen,
die Nacht mit dir gehörte mir
und würde mir nie mehr genommen.

Ich sähe sie vor mir
so schwarz und hell und sternenklar,
wäre von den vielen Malen
nur das erste Mal wahr.

Wasserfrau,
Undine,
Nixe,
Flusskönigin –
Flüsse müssen fließen,
auch wenn keiner weiß wohin.
Quellnymphe,
Brunnenelfe,
Wellenfee!
Dass du niemals wiederkamst,
das tut mir weh...

Heiner
E-Dur

Ich denke oft an meine alten Freunde zurück.
Ist es ihnen schlecht ergangen oder hatten sie Glück?
Aus der Entfernung wird alles übersichtlicher und kleiner.
Alle haben mich geprägt, aber vielleicht keiner so wie Heiner.

Mit 14 hab ich bei den Feten immer die Platten gewechselt.
Aber vorher hatt' ich auf meinem Atari
einen Tabellen-Platten-Plan gedrechselt.
Heiner, Super-DJ! haben die andern gesagt.
Nur: wer die Platten auflegt, kommt selten selbst zum Tanzen
und zum After-Dance-Kontakt.

So ging Heiners heißer Abend vorbei – na ja.

Strukturen und Zahlen haben mich schon immer fasziniert.
Deshalb hab ich – Markus hat immer abgelästert –
Mathe studiert.
Er fragte: Woran erkennt man einen extrovertierten
Studenten der Mathematik?
Seine Antwort: Daran, dass er beim Sprechen nicht auf seine,
sondern auf deine Schuhe blickt.

Markus rief mich immer am frühen Abend an:
zusammen über die Zülpicher zieh'n –
ich war nicht so spontan.
Was immer alle auf der Rolle wollen?
Nein, ich kann heut' nicht mit gehn.
Und ich war bei Pac-Man fast in Level 10.

So ging Heiners heißer Abend vorbei – na ja.

Mit 31 dachte ich: ein Thema macht mir Stress.
Wo lern' ich jemanden kennen?
Markus sagt: mach doch was bei der VHS.
In der Volkshochschule findest du Singles, Männer und Frau'n
bildungsaffin – darauf kann man doch was aufbau'n.

Also: Spanisch für Anfänger,
es hat mich schon irgendwie interessiert.

...yo soy: Heiner.

Aleman.

Und ich war wieder der, der das Abschlusstreffen organisiert.
Aber dann an einem Abend auf dem VHS-Flur,
war eine, die mein Rauchen zuerst störte.
Ich machte die Zigarette aus, sie lächelte mich an.
Und das war Dörte.

Ich bin leidlich sportlich-schlank,
wenn auch kein Adonis sicherlich.
Dörte trug ein Batik-Tuch und wog halb so viel wie ich.
Was machst du so hier?
Ich bin in dem Kurs nebenan.
Blockflötentransskriptionen
von Schütz bis Telemann.

So ging das ein paar Mal, man könnt' sich doch
auch mal woanders seh'n.
Trifft sich doch gut,
dass wir beide nicht so gern in Kneipen geh'n.
Für den andern was vorbereiten,
und dann einfach mal was quatschen, das wär' nett.
Ich kann nicht kochen, aber schön was hinstellen,
also: Samstag gibt's Raclette.

Das wird Heiners heißer Abend – mal sehn.

Perlzwiebeln, Gürkchen, Käsescheiben rechter Winkel.
Schinken, Kartoffeln, Baguette –
oder besser so Reisbrot mit Dinkel?
Käse bereit, Raclettegrill schon mal an,
es roch bald wie in 'ner Sportumkleide bei mir.
Fertig! Und jetzt gleichzeitig Mutter am Telefon
und Dörte an der Tür.

Ich habe nicht gesagt, jetzt nicht, ich habe grad Besuch,
weil sie dann fragt wer, dann muss ich sagen: Dörte,
dann sagt sie: Darauf freu' ich mich schon lang genug.
Also noch mal kurz – Hallo Dörte, komm rein, wie schön! –
Familien EDV-Hotline,
Mutter, du musst sie anders formatieren,
die Mitgliederliste vom Eifelverein.

Der Käse schwitzte, ich auch, die Gürkchen wurden warm,
Dörte streichelt mich beruhigend am Arm,
geht in die Küche, guckt, ob sie noch irgendwas helfen kann.
Ich immer noch am Telefon,
und Heiners heißer Abend fängt erst an.

Dörte sieht, was bei mir über'm Kühlschrank hängt:
der Pirelli-Kalender, den hatte Markus mir geschenkt.
Im Kühlschrank mit Preisreduzierungsaufkleber vorn,
drei eingeschweißte Nackenkoteletts
zwischen Wodka und Korn.

Mach bitte meinen Teller nicht so voll!
Kein Fleisch, keinen Zucker, keinen Alkohol!
Also das will sie jetzt alles nicht. Okay. Gut.
Da hab ich gedacht:
was sie wohl sonst noch alles
auch nicht gerne macht?

Ob das ein heißer Heiner-Abend wird? Na ja.

Sie sprach unverständliches von Ying und Yan
und schaute mich dabei so vorwurfsvoll-misstrauisch an.
Der Käse warf Blasen, sie aß kaum und redete nur,
allmählich herrschte Biosauna-Temperatur.

Mir fiel auf: Dörte Schneider, du siehst aus, wie du heißt
und kriegst Flecken am Hals, wenn du kreischst,
ich weiß nicht, ob du das weißt?
Irgendwann: Türklinke, dünne Hand, ich war allein im Haus.
Puh - und ich schaltete erstmal das Raclette-Gerät aus.

So ging Heiners heißer Abend vorbei – na ja.

Heiner – die Zeit hat uns voneinander entfernt.
Doch glaube, ich habe viel von dir gelernt.
Ich traute mich früher nicht
in die erste Reihe im Kirchenchor –
neben dir kam ich mir immer wie 'ne Rampensau vor.
Ich hielt meine eigenen Verse eigentlich für Mist –
durch dich lernte ich, dass jeder für was verantwortlich ist.
Ihr für Struktur, Zahl und Physik,
wir für die Poesie.
So trägt jeder auf seine Art bei zum kollektiven Glück.

Du bist bestimmt erfolgreich im IT-Management.
Ich hab die Chancen dieser Art immer verpennt.
Du gibst anderen Arbeitsplätze,
sorgst irgendwo dafür, dass es läuft.
Ich bin immer noch der,
der seinen Weltschmerz in Musik ersäuft.

Heiner, das war für dich und von dir.
Danke, Heiner, wo immer du auch bist!
Und an einem hindert mich keiner, Heiner,
wenn dieses Lied erfolgreich ist
und ich irgendwann vielleicht
mal ganz in die Musikbranche wechsel',
dann wirst du beteiligt
und die Tantiemenabrechnung, die machst du selber in Excel.

Aber Heiners heißer Abend war noch ganz vorbei.
Es machte sich doch noch jemand für ihn frei:
die Kandidatinnen auf RTL plus bei Tutti Frutti.

Und am nächsten Morgen ging er joggen, trug das T-Shirt,
das ich ihm zum 30. geschenkt hatte, darauf stand:
Alles Schlampen außer Mutti.

Heute gibt's Papaya
D-Moll / D-Dur

Jährliches Business-Meeting der Branche in Berlin.
Da muss man halt präsent sein –
ansonsten hat es nicht viel Sinn.
Schon beim Kick-Off die emotionale Falle:
Dein Haar streng, Kostümchen blau,
du meine schöne Business-Schnalle.

Dem Key-Note-Speaker höre ich kaum zu.
Denn was ich sehe und wovon ich träume, das bist du.
Schlusscommuniqué. Es trifft sich unser Blick
und ja, ich glaube wirklich –
du lächelst zurück.

> Heute gibt's Papaya und Maniok.
> Du siehst so süß aus mit deinem Bananenrock.
> Ich schlag dir kalte Kokosmilch
> direkt aus der Kokosnuss.
> Du gibst mir einen langen klebrigen Limettenkuss.
> Heute gibt's Papaya.

Was für ein Zufall –
in derselben Maschine auf dem Weg zurück!
Wie fanden Sie die Veranstaltung?
Na ja, ist ja nur einmal im Jahr zum Glück.
Guter Service – auch auf Inlandsflügen gibt es jetzt Sekt.
Na dann Cheers! –
O Sorry, hab' ich jetzt Ihre – deine Bluse befleckt?

Was murmelt der bärtige Typ hinter uns?
Befreiung der Welt?
Was ist das für ein Mechanismus,
den der andere in der Hand hält?
Was will jetzt der Dritte,
der mit einem Messer über'n Gang rennt?
Wer brüllt da aus dem Cockpit
auf Englisch mit schlechtem Akzent?

Heute gibt's Papaya, Zitronen und Melonen.
Ach, mit dir unter der Sonne,
unter den Sternen zu wohnen!
Acerole, Ananas: Wir teilen alles,
auch Karambole, Kiwi, Kumquat und Physalis.
Heute gibt's Papaya.

Hättest du gedacht, jemals so was mittendrin mitzukriegen?
Dass wir jetzt mit zu wenig Kerosin Richtung Antillen fliegen?
Wir werden etwas tun, so scheide ich nicht aus der Welt.
Let's roll! Ich spring' den ersten an, einer flieht nach vorn – bin
ich dein Held?

Alarmton – Schreie – Sauerstoffmasken –
der Dreckskerl liegt unter mir.
Du weinst leise – das musst du nicht – ich bin bei dir.
Kam dann ein Sturzflug? Ich weiß nichts mehr –
im Wasser wache ich auf und sehe Land -
Kampf mit den Wellen –
ich trage dich auf den trockenen Strand.

Heute gibt's Papaya, Grapefruit und Kaki
Es gurren die Lemuren, es glotzt der Maki.
In der Luft jubeln die Darwinfinken,
sie sehen uns den kühlen Cherimoyasaft trinken.
Heute gibt's Papapya.

Wir sind als einzige übrig. Die Insel ist klein.
Süßwasser, Palmen, Papageien hört man schrei'n.
Wir bauen unsre Hütte unter dem Guavenbaum.
Am Tag schwimmen wir im Meer,
nachts träumt zuerst noch jeder seinen eig'nen Traum.

Doch es kommt, wie es kommen soll, von allein mit der Zeit,
denn allein sind wir beide und wir sind zu zweit.
Ich lerne Fische fangen,
du trägst Granatapfelblüten im wild-offenen Haar.
War das in deinem Leben
nicht auch das schönste Jahr?

Heute gibt's Papaya, Litschi und Mango.
Dann tanzen wir unterm Affenbrotbaum
einen stummen Tango.
Oder lass uns am Strand
ein paar frische Austern schlürfen
und gleich tun, was wir dann tun wollen,
aber eigentlich nicht dürfen.
Heute gibt's Papaya.

Komm zu Papa-ya!
Heute wirst du's nicht bereuen.
Was ich dir bereite,
wird dich freuen.
Heute gibt's Papaya.

Von dieser Insel, die vor uns keiner kannte
bin ich der Gouverneur
und du bist die Gouvernante.
Wie wir so einsam unterm Dattelpalmdach liegen –
wollen sie uns retten,
müssen sie uns erst mal kriegen.

Irgendeine Suchaktion hat sie nah an unser Ufer gebracht.
Wir lassen das Alarmfeuer unangefacht.
Es geht uns doch gut hier, so ganz allein
zwischen Lavaechse, Ara, Beo, Faultier, Tukan, Wasserschwein.

Heute gibt's Papaya und selbstgefischte Gambas.
Palmenkarneval! Wer braucht ein Kostüm?
Du tanzt die Samba!
Du bist meine Tamarillo, mein Passionsfruchtsorbet.
Ich bin der König der Lagune, du die Königin der See!
Heute gibt's Papaya.

Meine Damen und Herren, wir kommen zum Schluss.
Was sagt der Vertreter aus Köln – Herr Dr. Sauer?

..bitte was?
Ja, ach so, ja, das schließ' ich mich an –
mehr heut' von mir nicht, ich bedauer'…

Na, dann schließe ich die Veranstaltung –
Allen vielen Dank und gute Reise!

Ach – mein Herz ist krank und singt leise:

Heute gibt's Papaya.

Irgendwann
A-Dur

Irgendwann
kennen wir uns viele Jahre,
irgendwann
ist nichts mehr neu.
Irgendwann
stellst du mir die Frage:
warst du mir auch immer treu?

Irgendwann
ist wieder heute,
doch ich werde
nur dem Namen nach derselbe sein
Irgendwann
zieh' ich mir wie heute dich
nur noch Erinnerungen rein.

Irgendwann –
irgendwann –
irgendwann.

Irgendwann
steht ein Taxi bereit,
aber keiner sitzt mehr drin.
Irgendwann
liegt die Abflugzeit
zwei Stunden vor dem Check-In.

Irgendwann
hilft die Zugbindung nicht
und auch nicht
der BahnCard-Rabatt.
Irgendwann
reist am weitesten weg,
wer das schönste Zuhause hat.

Irgendwann –
irgendwann –
irgendwann.

    Liebst du mich dann immer noch?
    Liebst du mich dann immer noch?
    Liebst du mich dann immer noch?

Irgendwann
singen wir stumme Lieder,
die versteht aber jedes Kind.
Irgendwann
treffen wir uns spiegelverkehrt wieder,
weil wir Antimaterie sind.

Irgendwann
reden alle gleichzeitig
und man hört und versteht sich nicht.
Weil sich spiegelverkehrt
nur der versteht,
der Palindrom-Sprachen spricht.

Irgendwann –
irgendwann –
irgendwann.

Irgendwann
ist keiner mehr als erster dran,
irgendwann
ist zuletzt.
Irgendwann
heißt es nicht mehr irgendwann,
irgendwann
heißt es: Jetzt.

Irgendwann:
Tunnel am Ende des Lichts,
irgendwann
gibt alles einen Sinn.

Irgendwann
gibt es nichts mehr außer dem Nichts,
und wir sind mittendrin.

Irgendwann –
irgendwann –
irgendwann.

> Liebst du mich dann immer noch?
> Liebst du mich dann immer noch?
> Liebst du mich dann immer noch?

Jahreszeiten
B-Dur

Wer hat Mörike nur auf die Schwachsinnsidee
von dem flatternden blauen Frühlingsband gebracht?
Hat jemand Goethes Geschreibsel von Sommer und Klee
mal gelesen und nicht bitter drüber gelacht?

Kann hier einer begreifen, wie man wie Vivaldi
Saisonwetterschwankung in Kratzmusik packt?
Rilkes Herbstphantasien und Winterklischees sind zum Kotzen.
Ich bin jetzt mal der, der es sagt:

>Ich find' den Frühling Scheiße.
>Ich mag den Sommer nicht.
>Ich bin kein Freund des Herbstes,
>hab' auf den Winter eine negative Sicht.
>Ich glaub', es ist der Ablauf,
>der mich deprimiert.
>Ich bin jahreszeitentechnisch
>emotional nicht integriert.

Die Phase März bis April seh' ich mit Spargelproblematik
und Frühblüherpollenflug kritisch.
Den Sommer straßenbahn-halteschlaufen-achselhaar-geprägt,
mit Freibadbezug zellulitisch.

Im Herbst gibt es Wein, der nie Wein werden durfte
und gasförmig wieder entweicht.
Und wenn ich scheibenkratzend an Geschenke denke,
über die sich keiner freut, dann weiß ich, dass es mir reicht:

>Ich find' den Frühling Scheiße.
>Ich mag den Sommer nicht.
>Ich bin kein Freund des Herbstes,
>hab' auf den Winter eine negative Sicht.
>Ich glaub', es ist der Ablauf,
>der mich deprimiert.
>Ich bin jahreszeitentechnisch
>emotional nicht integriert.

Sind es wirklich schon achteinhalbtausend Stunden,
ist die ganze Saisonkiste schon wieder um,
seit ich zuerst deinen Zettel gefunden hab',
bis heut' nicht verstanden habe warum?

Sind es wirklich schon zweiundfünfzig Wochen,
ist es wirklich schon ein ganzes Jahr?
Seit ich das letzte Mal dein Haar gerochen hab',
seit du mir gesagt hast, dass es das war?

> Ich find' den Frühling Scheiße.
> Ich mag den Sommer nicht.
> Ich bin kein Freund des Herbstes,
> hab' auf den Winter eine negative Sicht.
> Ich glaub', es ist der Ablauf,
> der mich deprimiert.
> Ich bin jahreszeitentechnisch
> emotional nicht integriert.

Der Kalender könnte ein Buch sein,
auf jeder Seite voller Glück.
Jahreszeiten können ein Fluch sein,
es sei denn, du kommst zu mir zurück.

> Bis dahin find' ich den Frühling Scheiße
> und mag den Sommer nicht
> und bin kein Freund des Herbstes,
> hab' auf den Winter eine negative Sicht.
> Ich glaub', es ist der Ablauf,
> der mich deprimiert.
> Ich bin jahreszeitentechnisch
> emotional nicht integriert.

Julie

(an Mme Récamier)
D-Moll / E-Moll

Julie – hast du gewusst,
was ich dir heute sag':
Seit Jahren denk' ich schon an dich
und träum' von dir jeden Tag.
Im Straßenbahngewühl
mach' ich manchmal die Augen zu.
Was ich dann vor mir sehe –
Julie, das bist du.

Du lächelst mich nicht an,
doch geht dein Blick tief in mich rein,
und zieht mich runter –
trotzdem möchte ich vor Freude schrei'n.
Du sprichst ja nicht mit mir,
und trotzdem hör' ich ein Gedicht.
Ich möcht' dich so viel fragen,
doch du antwortest nicht.

> Julie, Julie, Julie –
> du hast so was Immaterielles an dir.
> Julie, Julie, Julie –
> da ist was Spezielles zwischen dir und mir.

Wie war es mit Jacques-Louis,
hast du mit ihm gesprochen?
Wie nah durfte er dir sein,
hat er dich berührt, gerochen?
Hielt er deine Hand?
Strich er dir durchs Haar?
Und wie ging es Monsieur,
wenn Jacques-Louis bei dir war?

Und wenn ihr spracht –
war's tief und ernst oder höflich-banal?
Trugst du das schwarze Band im Haar
nur dieses einzige Mal?

Julie - warst du glücklich
während dieser Zeit?
Und als du aufstandest,
wehte da dein Kleid?

    Julie, Julie, Julie –
    du hast da so was Potentielles an dir.
    Julie, Julie, Julie –
    da ist was Spezielles zwischen dir und mir.

Francois – stellte er
die kleine Bank unter deinen Fuß?
Sagt dein Blick: du wusstest,
er hofft auf einen Kuss?
Saßest du wirklich
unter Säulen und Olivenbäumen
oder ist das nur einer
von meinen gemalten Träumen?

Ich möcht' die zarten Finger
deiner rechten Hand berühren,
deinen Atem,
deine weißen weichen Arme spüren.
Gib mir das gelbe Tuch,
ich leg' es über mein Gesicht –
dann seh' nur noch dich.
Dass du nicht da bist, seh' ich nicht.

    Julie, Julie, Julie –
    du hast so was Eventuelles an dir.
    Julie, Julie, Julie –
    da ist was Spezielles zwischen dir und mir.

    Julie, Julie, Julie –
    du hast so was Sensationelles an dir.
    Julie, Julie, Julie –
    da ist was Spezielles zwischen dir und mir.

Kalauertourette
A-Moll

Ich hätte viel mehr Freunde
und paar wen'ger, die mich hassen,
hätt' ich mal den Mund gehalten
und 'ne Pointe ausgelassen,
dabei mein' ich's immer nett:
ich hab'n Kalauertourette!

Liebe Bürger, ihr heißt Bürger
auch noch dann, wenn ihr nicht bürgt.
Welche Farbe kriegen Schlümpfe,
wenn man sie würgt?
Legt man sich, wenn man im Ruhestand ist,
nachts auch mal hin?
Ich will zum Hellseher geh'n.
Warum brauch ich 'n Termin?

Was ist, wenn der Weihnachtsmann
an sich selber glaubt?
Ist Nazis in Braunschweig
das Sprechen erlaubt?
Mal im Ernst heißt: Schurz beiseite,
wenn ich meinen Kittel lupf':
World-Wide-Web-basierter Hefekuchen:
Googlehupf.

Ich wäre viel beliebter,
man könnt' harmlos mit mir spaßen,
würd' ich nur die Dinge sagen,
die im Augenblick grad' passen,
doch ich weiß nicht, wie das geht:
ich hab'n Kalauertourette!

Sorben ist grammatikalisch
das Präteritum von Serben.
In der Lausitz spricht man so
von seinen Kleinen und den Erben:

„Kleine Kinder kleine Sorben,
große Kinder große Sorben."
Für Sorbet und die Sorbonne
wird rund um Guben viel geworben.

Unterscheidet man nicht streng
den Plural von dem Singular,
ist begrifflich bei Amphibien
bald so manches nicht mehr klar:
Die Geburtshelferkröte
lebt im Teich und ist kalt,
Geburtshelferkröten
sind das Hebammengehalt.

Ich kannte früher viele,
die nicht lange bei mir saßen,
denn sie ließen sich nicht gerne
immer nur von mir bespaßen.
nicht am Tisch, nicht auf dem Bett:
ich hab'n Kalauertourette!

„Schotten dicht!" das muss ich rufen,
bin ich
Schiff
und
sink',
aber auch, wenn ich in Glasgow
in der Knei-
pe trink'.
Metallisch-rosa Vögelchen:
pink
Zink-
Fink.
Sonnenaufgang-Internet-Verweis:
Früh-
link.

Freunde hassen,
bei mir saßen,
grade passen,
Pointe lassen,
Klassen Rassen-Hassen
nicht bespaßen,
Zank-Dank-Schrank-Tassen…
nett – geht – Bett:
Ich hab'n Kalauertourette.
Ich hab'n Kalauertourette.

Ich hab'n Kalauertourette.

Kenn' Sie das auch?
D-Moll

Kenn' Sie das auch?
Kenn' Sie das auch?

Ich war doch ein fauchender
springender Tiger,
jetzt bin ich ein schnurrender
Bettvorleger-Lieger.
Ich war eine sprudelnde Quelle,
die ein Wasserfall werden sollte,
jetzt bin ich ein Wasserhahn,
dessen Tröpfeln mal einer abstellen sollte.

Ich war konsequent und klar, kompromisslos
und hatte meinen Stil.
Jetzt fragt man mich manchmal,
ob ich mich mit Absicht so unklar ausdrücken will.
Ich bin aufgestanden, mein Wort war wahr, ich war
fast ein Prophet,
jetzt sitz' ich hier und bearbeite morgens A bis K
und nachmittags L bis Z.

Kenn' Sie das auch?
Kenn' Sie das auch?
Nun sagen Sie doch nicht gleich nein!
Kenn' Sie das auch?
Kenn' Sie das auch?
Wenn ja, dann sind Sie hier nicht allein!

Sie kenn' das doch auch.
Sie kenn' das doch auch.

Sie wollten doch ein kernig-
erdig-machohafter Typ sein.
Jetzt wollen Sie eigentlich
meistens nur lieb sein.

Sie wollten eine selbstbewusste
intellektuell positionierte Frau sein,
jetzt wollen Sie beim Positionieren
der Sofakissen genau sein.

Sie wollten jeden Tag
für die ganze Welt was bewegen,
jetzt woll'n Sie sich nach dem Mittagessen
manchmal was legen.
Sie wollten die passenden Menschen an sich zieh'n,
Sachen schaffen und was hinterlassen,
jetzt schafft es Sie, Mensch,
wenn Sie nicht mehr in die Anziehsachen passen.

> Kenn' Sie das auch? Kenn' Sie das auch?
> Nun sagen Sie doch nicht gleich nein!
> Kenn' Sie das auch? Das sind Sie auf jeden Fall
> total normal!

> Sie kenn' das doch auch.
> Sie kenn' das doch auch.

Aus Oper wurde Kinderlied,
aus Rio Bad Gastein,
aus kühn entworfenem Gesamtkonzept
ein Post-it-Klein-Klein.
Aus Leidenschaft und Pathos
wurde vorwurfsvolles Schweigen,
aus zerschmetterten E-Gitarren
ordentlich weggeräumte Geigen.

Aus Charme in Akne wurde
glatt gespritztes Faltenfrei,
aus kristallen klirrender Einzigartigkeit
marmorierter Einheitsbrei.
Aus Himalaya und Amazonas wurden
Drachenfels und Urft.
Aus alles geplant und gewagt wurde
manchmal nicht getraut und meistens nicht gedurft.

Kenn' Sie das auch? Kenn' Sie das auch?
Machen Sie sich nicht draus.
Wir sind heut' abend – Kenn' Sie das auch?
ein ganzes Das-doch-auch-Kenner-Haus!

Also geb'n Sie's ruhig zu:
Sie kenn' das doch auch.
Also geb'n Sie's ruhig zu:
Sie kenn' das doch auch.

Kleiner Jakob

(nach Wilhelm Hauff und Ernst Moritz Arndt)
G-Moll

Ach, wohin ich jetzt geh',
nein, da will ich nicht hin
und so schwer ist der Korb,
Totenköpfe darin...
Hab' ich das grad' gedacht?
Was ist nur mit mir los?
Nein, ich denk' das nicht mehr
und ich frage mich bloß:

Was wird heut' noch gescheh'n?
Bleibt mein Leben, wie's war?
Und ich muss weiter geh'n.
Doch mir ist gar nichts mehr klar...

      Kleiner Jakob, kleiner Jakob,
      komm nach Haus.
      Kleiner Jakob, kleiner Jakob,
      komm nach Haus.

Und der Kessel ist heiß,
gelber Dampf quillt heraus.
Einen Löffel nur, Jakob,
dann gehst du nach Haus!
Wie das riecht, wie das schmeckt,
und ich fühl' so ein Sehnen,
will lachen und singen –
sind das meine Tränen?

Was ich seh', macht mir Angst
und ich will es nicht seh'n,
es ist böse und bunt
und ich finde es schön!

Kleiner Jakob, kleiner Jakob,
komm nach Haus.
Kleiner Jakob, kleiner Jakob,
komm nach Haus.

Was war das für ein Schlaf,
tief und fest, ohne Traum
hier im ganz fremden Haus,
ich erinner' mich kaum,
wie ich herkam.
Ich hab ein paar Stunden versäumt.
Aber wenn ich's bedenk',
hab' ich doch was geträumt.

Ach, wie ist mir! Nicht Stunden,
nein, mehr als ein Jahr
und mir ist als ob ich hier
ein Meerschweinchen war…

Kleiner Jakob, kleiner Jakob,
komm nach Haus.
Kleiner Jakob, kleiner Jakob,
komm nach Haus.

Ja, wie kann das denn sein,
dass mich keiner erkennt
und sich freut, mich zu seh'n,
mich wie sonst Jakob nennt?
Warum seh'n sie mir nach
mit so heimlichem Blick?
Warum weichen sie,
wenn ich auf sie zukomm', zurück?

Und, o Gott, ist es wahr –
ich schau' zu ihnen hoch?
Denn ich bin schlank und groß –
oder war es doch…

Wo ist der kleine Jakob geblieben?
Wohin ist der kleine Jakob gegangen?
Wo hat sich der kleine Jakob herumgetrieben?
Hat wer den kleinen Jakob gefangen?

Wo bist du, meine ganz weiße Fee,
meine Fee, ganz weiß, wo finde ich dich?
Wenn ich dich finde – Ich komm' und erlöse dich
so wie du mich – du mich wie ich dich…

Kleiner Jakob, kleiner Jakob,
komm nach Haus.
Kleiner Jakob, kleiner Jakob,
komm nach Haus.

Meine kleine Renaissanceschlampe
(mit Nostalgie-Halbmaske „Tudor")
A-Moll

Das Thema dieses Chansons? Die Liebe in der Renaissance!

Falalalalalala.
Falalalalalala.
Falalalalalala.

April is in my mistress face.
And July in her eyes hath place.
Within her bosom is September.
But in her heart a cold December.

Ihr Lächeln, das bringt mich in Trance.
eine schöne Zeit, die Renaissance!

Falalalalalala.
Falalalalalala.
Falalalalalala.

Du meine kleine Renaissanceschlampe -
Dein Verseschmied singt dir ein Lied.
Deiner Schultern warmer Schnee ist so kalt tut mir so weh.
Dein Augensternschein macht mir Pein.

Du wahrst immer die Contenance.
Eine schwere Zeit, die Renaissance.

Falalalalalala.
Falalalalalala.
Falalalalalala.

Der Landsknecht trägt Pike und Lanze.
Der Tanzknecht, er führt dich zum Tanze.
Im Faltengewand.Scheu und keusch ist dein Blick.
Allemande, Sarabande, Courante und Gigue.

Wir halten im Tanz die Balance.
Eine Kompetenz der Renaissance.

Falalalalalala.
Falalalalalala.
Falalalalalala.

Beim Tanzen kommt mir in den Sinn:
Du bist marmorweiß die Gärtnerin.
Und ich bin tierisch geladen.
Nach dem Tanzen: Komm zu den Arkaden!

Ich spüre bei dir Resistance…
Grad' das reizt mich an der Renaissance!

Falalalalalala.
Falalalalalala.
Falalalalalala.

Du meine kleine Renaissanceschlampe,
bei deinem Nein steig' ich erst richtig ein.
Du findest doch Männer in Strumpfhosen gut,
mit Pluderslip, Spitz-Schuh und Glocken am Hut!

Und nicht nur mein Helm ist aus Bronze.
Ich bin ein echter Kerl der Renaissance.

Falalalalalala.
Falalalalalala.
Falalalalalala.

Wenn ich nun für dich singe ich hohen Regionen,
was sind dann deine Assoziationen
von Unschuld und Flaute und Messer?
Meinst du, ein Bass wäre besser?

Gib mir doch meine Chance!
Wir leben schließlich in der Renaissance!

Ich bin Dowland J.J.
und du bist okay.
Und mein Sofa,
das ist Louis Onze!

Machen wir doch was draus
aus der Renaissance!

Meine schönsten Träume
D-Moll / D-Dur

Meine schönsten Träume,
die schick' ich zu dir.
Sie fliegen leise durch die Wolkennacht
und bleiben nicht bei mir.
Du kannst sie haben,
ich möchte sie dir gerne schenken.
Träum schön!
Und du darfst dabei gerne an mich denken.

Die Baumkronen, die Wipfel sind es, die sich unter mir biegen.
Denn ich tue, was ich immer konnte, ohne es zu wissen:
Jetzt kann ich fliegen.
Die Bewegung geht ganz leicht aus dem Unterarm.
Sie strengt mich kaum an,
der Wind in meinem Gesicht ist warm.
In weiten Bögen gleite ich über die Legokastenwelt.
Da unten liegt ein toter Mann,
dessen Körper schon zerfällt.
Wenn ich lande, wird man mich festnehmen,
ich bin irgendwie schuld an seinem Tod.
So lang ich fliege, schau ich nicht mehr nach unten.
Der Sonnenuntergang ist rot.

Meine schönsten Träume,
die schick' ich zu dir.
Sie fliegen leise durch die Wolkennacht
und bleiben nicht bei mir.
Du kannst sie haben,
ich möchte sie dir gerne schenken.
Träum schön!
Und du darfst dabei gerne an mich denken.

Die Stadtverwaltung hat der Reformeifer gepackt.
Verordnung: Einen Tag im Monat gehen alle Menschen nackt.
Ich prüfe den Kalender, schließe schwungvoll die Tür.
Draußen sind alle angezogen außer mir.

Der Nachbar mit dem Zweitschlüssel wohnt gegenüber
Die Straße ist heute so breit, da muss ich jetzt rüber.
Als ich ohne Kleidung mitten in der Menschenmenge bin,
bleiben alle steh'n und schauen fragend zu mir hin.

Meine schönsten Träume,
die schick' ich zu dir.
Sie fliegen leise durch die Wolkennacht
und bleiben nicht bei mir.
Du kannst sie haben,
ich möchte sie dir gerne schenken.
Träum schön!
Und du darfst dabei gerne an mich denken.

Du ließest die Spule in den Brunnen fallen, Goldmarie.
Ich würde sie dir wieder holen, doch ich weiß nicht, wie.
Irgendjemand stößt mich in den Rücken und ich falle hinterher
Und ich falle immer weiter, ich bin leicht und tonnenschwer.
Dann laufe ich durch den Wald,
hinter mir schwarze Gestalten mit Waffen.
Doch ich laufe nicht schnell genug
und mit den Gewichten an den Füßen
werde ich es nicht mehr schaffen.
Und den Schulabschluss,
den habe ich doch schon vor Jahren abgelegt.
Doch ich sehe, dass diese Prüfungsladung für morgen
meinen Namen trägt.

Meine schönsten Träume,
die sollen jetzt in deinem Bett sein.
Wenn ich dir schönere Träume schicken soll,
musst du im wachen Leben
auch mal ab und zu zu mir nett sein.
Lass uns zusammen träumen,
man träumt schlecht, so allein und abstinent.
Dann haben meine schönsten Träume,
die dann auch deine sind,
vielleicht auch mal ein Happy End…
Träumen mit Happy End!

Mond und Wind
A-Dur

Die Welt ist schön.
Ich find', das muss man doch auch mal seh'n.
Nachts tropft der Mond seinen Silberschimmer runter.
Auf dem Bett liegt 'ne Decke,
und wir liegen drunter
und können schöne Sachen träumen
und der Wind rauscht in den Bäumen…

…wobei mich an dieser Aussage stört:
es ist ja strenggenommen nicht der Wind,
den man rauschen hört,
sondern die Bäume selber,
die sich durch ihn zum quasi-autonomen
Eigen-Rauschen veranlasst fühlen,
also: fühlen – da müsste man jetzt eigentlich
auch schon wieder was zu sagen.

Jedenfalls geht es mit dem Rauschen weiter,
egal, was wir währenddessen tun,
ob wir uns lieben oder ob wir ruh'n.

Mond und Wind,
manchmal frag' ich mich, wie real sie sind,
warum sie tun, was sie tun, ob sie überhaupt was tun?
Ich glaube:
Wenn Mond und Wind
je überhaupt etwas machten,
dann nur, gerade weil wir sie dabei beobachten.

Ich meine: Dieses Weil, dieses Warum kann man durchaus sinn-
vollerweise in diesem Zusammenhang verwenden,
weil Kausalität
so wie Raum und Zeit
nur eine vorgegebene Kategorie unseres Denkens ist,
und deshalb –
siehst du, ich sag' schon wieder „deshalb" –
zieht der Mond so rund

mit oder ohne Weil oder Warum über die Berge und
rauscht der Wind durch die Wälder
und pfeift über dem Schnee
und beide tun sie's für alle Menschen,
also zum Beispiel auch für die mit Logorrhoe.

Anders gesagt:
Das Lied des Lebens erklingt nur richtig,
weil du es hörst,
und anders gefragt:
Bist du selbst so wichtig,
dass du die übrigen Abläufe irgendwie störst?
Ich sag' mal nicht mehr so viel dazu,
das wird nur ein spekulatives Rumeiern.
halten wir einfach nur fest:
Das Leben ist ein Fest,
du musst es aber auch feiern:
Komm zu mir.

Was meinst du damit:
Ob ich schweigen kann,
gibt's denn ein Geheimnis,
wie und wo?
Ach, du meinst mit Schweigen:
Schweigen einfach nur so?

Was meinst du damit:
Die Wirkung eines gleichförmigen Sprechgeräuschs
sei einschläfernd-hypnotisch,
zu viele virile Worte wirkten unerotisch?

Na gut.

Lassen wir's einfach stehn,
es ist schön,
mit dem Wind,
unter dem Mond
zu zweit

durch Raum und Zeit
und scheinbare Kausalität zu geh'n.

Bist du noch wach?

Dann les' ich jetzt noch was.

Obsession
C-Dur / C-Moll

Ich möchte Hand in Hand mit dir
unter'm Regenbogen stehen.
Ich möchte in der Mittagshitze
deinen Rasen mähen.
Ich möchte gern mit dir
über den Waldlehrpfad laufen.
Ich möchte dir gern
ein Meerschweinchen kaufen.

Ich möchte gern mit dir
am Lagerfeuer singen.
Ich möchte deinen Badeanzug
auswringen.
Ich möchte Wassertropfen
über deinen Rücken rinnen seh'n.
Ich möchte neben dir
am Flussufer geh'n.

Ich möchte mit dir
irgendwo sitzen und schweigen.
Ich möchte dir
meine Blinddarmnarbe zeigen.
Ich möchte dir
aus meiner Kindheit erzählen.
Ich möchte für dich
die Vorspeise wählen.

Ich möchte dich gern
in einem Pinienwald verführen.
Du sollst meine
Medikamente kontrollieren.
Ich möchte mit dir am Familientag
auf die Frühjahrskirmes geh'n.
Ich möchte dich gern mal
in einem Dirndl seh'n.

Ich möchte dich gern
mit Fangoschlamm bestreichen.
Du sollst mir
den Giftbecher reichen.
Ich möchte gerne heimlich
zuhören, wie du singst.
Ich möchte sehen,
wie du ein Glas Milch trinkst.

Ich möchte gern mit dir
beim Möbelrücken schwitzen.
Ich möchte gern mit dir
vor dem Fernseher sitzen.
Ich möchte die Reste von deinem Teller
essen.
Ich möcht' in deinem Bad
meine Zahnpasta vergessen.

Wenn du Hornhaut unter den Zehen hast,
dann möchte ich die fühlen.
Ich möchte gerne mal
in deiner Sporttasche wühlen.
Mit dir möchte ich mich
in den Grand Canyon stürzen.
Wärst du Pulver, würd' ich mit dir
meine letzte Mahlzeit würzen.

Ich möchte mit dir
einkaufen gehen.
Ich möchte dich und deine Zwillingsschwester
nackt sehen.
Ich möchte, dass du mir
vorwurfsvolle Briefe schreibst.
Ich möchte mein ganzes Leben zweifeln,
ob du bei mir bleibst.

Publikumsbeschimpfung
F-Dur

Ich find's gut, wenn Ihr keine neue Lieder hören wollt,
nur die, die Ihr schon kennt.
Es ist o.k., wenn Ihr mich nach fünf Jahren
immer noch Newcomer nennt.
Ich liebe euch, wenn Ihr lacht -
vielleicht auch mal an der Stelle, wo ihr sollt,
und auch, wenn Ihr Euch im Vorverkauf
terminlich noch nicht festlegen wollt.

     Und: Danke für Euren Applaus.
     Danke für Euren Applaus.

Sagt ruhig, irgendwann hat irgendwer
'nen ähnlichen Text so ähnlich vertont.
Und lobt mich, indem Ihr sagt:
Da hast du aber echt viel auswendig gekonnt.
Für's Mut machen: Danke! Der Erfolg kommt bald,
du brauchst nur die richtige Lobby.
Und dafür, dass Ihr sagt:
Du hast echt ein schönes Hobby.

     Und: Danke für Euren Applaus.
     Danke für Euren Applaus.

Ich liebe eure Tipps: So 'ne Reihe in Prüm,
die machen auch was mit Kabarett,
und wenn ich frage, hast du da 'nen Kontakt, sagt Ihr:
Nee, weiß ich nur so aus'm Internet.
Und ich lieb' es, wenn Ihr sagt,
dass ich doch mal Kölsche Krätzjer singen soll.
Oder: Mach doch was wie Bodo Wartke,
bei dem sind immer die Hallen voll.

     Aber: Danke für Euren Applaus.
     Danke für Euren Applaus.

Ich mag es, wenn Ihr den Spruch
vom Propheten im eigenen Lande verifiziert
und zwischen lyrischem Ich
und mir als Person nicht abstrahiert,
wenn ihr sagt: Ich hab gar nicht gewusst,
was in deinem Leben alles geschieht!
Danke, aber nochmal:
Der Text ist Literatur und das Ganze ist ein Lied!

Und: Danke für Euren Applaus.
Danke für Euren Applaus.

Ich werde gern gelobt, auch differenziert,
zum Beispiel: Gut war heut' die Band
oder für ein Lied, dass es ein ähnliches Lied
von einem anderen gibt, dass Ihr schon kennt.
Wenn Ihr sagt: also so quasi irgendwie
macht mich dein Text betroffen
und erst nach dem Auftritt:
Wusstest du, dein Hosenstall war halb offen.

Und: Danke für Euren Applaus.
Danke für Euren Applaus.

Danke für den handgeschrieb'nen Dankesbrief
in blauer Tinte und per Sie.
Danke, wenn Ihr sagt:
ich summe manchmal diese eine Melodie.
Danke für die Mail
vierzehn Tage nach dem Gig:
Ich denke oft an diese eine Zeile zurück.
Danke für das Flüstern:
Bei dem einen Lied hab' ich fast geweint,
und für: Ich habe über die Geschichte nachgedacht,
und ich glaube fast, ich bin gemeint.

Das wär's doch mal!
Danke für Euren Applaus.
Danke für Euren Applaus.

Reicht doch so (Das Lied von Maß und Mitte)
A-Moll / A-Dur

Wenn ich Cello spiele,
dann will ich ein Musiker sein,
kein im Fortissimo verzweifelnder Kratzklang-Kämpfer.
Wenn es laut und aggressiv wird,
denk' ich: das ist jetzt nicht meins.
Ich mag es lieber lento, lyrisch, leise,
auf dem Steg den Dämpfer.

    Reicht doch so –
    einfach nur nicht übertreiben.
    Reicht doch so –
    lieber auf dem Teppich bleiben.
    Maß und Mitte sind das Glück.
    Wer zu hoch fliegt, der stürzt ab,
    und wer zu weit geht,
    muss danach ein Stück zurück.

Wenn ich singe, ist es so:
ich bin ja eigentlich Tenor,
doch ich frag' mich:
ist der hohe auch der schönere Ton?
Im Belcanto treten Adern an der Stirn so stark hervor.
Da säusel' ich doch lieber mezzo
und bleib' nah am Mikrofon.

    Reicht doch so –
    einfach nur nicht übertreiben.
    Reicht doch so –
    lieber auf dem Teppich bleiben.
    Maß und Mitte sind das Glück.
    Wer zu hoch fliegt, der stürzt ab,
    und wer zu weit fährt,
    rudert bald ein Stück zurück.

Wenn ich Texte schreibe,
möcht' ich, dass die Pointen richtig sitzen,
und dass alles auch
auf andere Bedeutungsebenen geht.
Ich verzichte gern auf den Applaus nach billig-simplen Witzen,
Es genügt mir,
wenn man mich beim zweiten Hören erst versteht.

     Reicht doch so –
     nur nicht übertreiben.
     Reicht doch so –
     lieber auf dem Teppich bleiben.
     Maß und Mitte sind das Glück.
     Wer zu hoch fliegt, der stürzt ab,
     und wer zu viel sagt,
     nimmt's dann Wort für Wort zurück.

So war' ich gerne in mir ruhend,
ausgeglichen, abgeklärt.
Doch es gibt ja auch noch dich –
und einen Zweifel in mir drin.
Ich weiß im geheimen nicht, ob,
wie ich bin, ob dich das stört.
Hast du manchmal, wenn ich maßhalte,
vielleicht anderes im Sinn?

Willst du lieber einen Haudrauf
und nicht so 'n Gedanken-Kau-drauf?
Willst du schreien statt flüstern?
E-Gitarren-Riffs statt Cembalo?
Willst du mit dem Teppich fliegen?
Willst du mehr und alles kriegen?
Willst du's krachen lassen, lieben, hassen?
Volles Risiko?

Sag mir bitte: Biete
ich dir dein Maß an Maßlosigkeit?
Oder nerven dich Maß und Mitte
in ihrer mittelmäßigen Selbstzufriedenheit?

Bitte sag mir:

Reicht doch so –
einfach nur nicht übertreiben.
Reicht doch so –
lieber auf dem Teppich bleiben.
Maß und Mitte sind das Glück.
Wer zu hoch fliegt, der stürzt ab,
und wer zu viel nimmt,
gibt es Stück für Stück zurück.

Respekt! Respekt! Ja ja.
C-Dur

Ich will dich nicht respektier'n,
weil dein grammatisches Geschlecht
ein anderes ist als meins.
Ich will dich nicht respektier'n,
weil dein Prophet gerecht ist
und sein Wort von Gott hat so wie du von ihm deins.

Ich will dich nicht respektier'n
für deinen unbeholf'nen Text,
der sagt, dass du die Liebe liebst, dass du den Hass hasst.
Ich will dich nicht respektier'n,
weil du Frauenkleider trägst
und das nicht zu dem Geschlecht in deinem Pass passt.

Ich will dich nicht respektier'n,
für dein geheimnisvolles Gesicht
und für dein Übergewicht auch nicht.

Ich will dich nicht respektier'n
für deine Bescheidenheit
und deine Mitgliedschaft in einer Minderheit.

Respekt! Respekt! Ja, ja.
Du kriegst ihn einfach so von mir.
Dann sind wir alle froh
und reden nicht mehr so viel
über die Gründe dafür.

Ich will dich nicht respektier'n,
weil dein Weltbild richtig ist und nicht zu seh'n ist
in dem, was du Mainstream-Medien nennst.
Ich will dich nicht respektier'n,
weil du nicht wichtig bist
und keine wichtigen Leute kennst.

Ich will dich nicht respektier'n,
weil du der CEO bist
und den ganzen Konzern alleine lenkst.
Ich will dich nicht respektier'n,
weil du viel zu gern an andere
und viel zu wenig an dich selber denkst.

Ich will dich nicht respektier'n
weil du morgens vier Kinder aufweckst
und auch nicht, weil du eine Kippa trägst.

Ich will dich nicht respektier'n,
weil du im Rollstuhl fährst
und auch nicht, weil du dich vegan ernährst.

Respekt! Respekt! Ja, ja.
Du kriegst ihn ohne Wenn und Aber von mir.
Aber dann gibt's auch kein Gelaber mehr
über die Gründe dafür.

Ich will dich nicht respektier'n,
weil du manchmal nur so tust als ob
und dich daran nicht störst.
Ich will dich nicht respektier'n,
weil du ganz bewusst
Verpackungsmüll sparst und keine Benzinschleuder fährst.

Ich will dich nicht respektier'n,
für deine tiefsinnige Tätowierung
oder weil du oder weil du nicht in die Kirche gehst.
Ich will dich nicht respektier'n
für deine gelungene Resozialisierung oder weil du
als Mann auf Männer und als Frau auf Frauen stehst.

Ich will dich nicht respektier'n,
weil du früher mal Mist gebaut hast
und auch nicht für die Farbe deiner Haut.

Ich will dich nicht respektier'n,
weil du jetzt Buddhistin bist
und auch nicht, weil du Hartz IV beziehst.

Respekt! Respekt! Ja, ja.
Du kriegst ihn bedingungslos von mir.
Und dann setz' dich auf meinen Schoß
und wir quatschen nicht mehr rum
über die Gründe dafür.

Ich will dich nicht respektier'n,
weil ihr alle es viel schwerer hattet als wir es hatten,
als ich es hatte, und
ich will dich nicht respektier'n,
für deinen Migrationshinter-
und auch sonst aus keinem Grund.

Ich will dich nicht respektier'n
für deine harte Arbeit auf dem Bau
und ich respektier' dich auch nicht als Frau.

Respekt! Respekt! Ja, ja. Du hast ihn!
Glaub' das doch mal.
Wie oft muss ich das noch sagen?
Sag' mir die Zahl!
Wenn du was gut machst, sag' ich „Gut gemacht",
mach' ich Mist, darfst du mich kritisier'n –
ja, ja, mit Respekt und dann will ich nicht mehr mit dir
über die Gründe dafür diskutier'n.

Respekt verdient jeder,
der sich zu Recht Mensch nennt.
Und dann ist Respekt
auch nicht mehr für alles
ein Totschlagargument.

Sag jetzt bitte nichts Falsches
C-Moll

Ich liebe es, mit dir zusammen zu sein.
Wenn du fragst, ob ich Zeit hab', dann sag' ich nie nein.
Meistens frag' ja ich, doch das macht mir nichts aus:
Geh'n wir heute Abend nach der Arbeit noch mal raus? – Schön!

Eigentlich heute Abend zu dritt.
Eigentlich wollte Bernd noch mit.
Bernd sagt, er ersäuft komplett,
heute abend sind wir beide das After-Work-Duett.

Sag jetzt bitte nichts Falsches.
Sag jetzt bitte nichts Falsches.

Ist doch jetzt mal schön ohne Stress.
Ich glaube, dass ich noch was Kleines ess'.
Pasta oder Möhrencrème-Süppchen mit Gin,
Teller Tapas? Nee, da ist Knoblauch drin.

Hast du den neuen Woody Allen schon geseh'n?
Wieder abgrundtief traurig und komisch und schön.
Die Tragik und das Schöne zieh'n das Komische an.
Ich find's schön, wenn man
über das dasselbe lachen kann.

Sag jetzt bitte nichts Falsches.
Sag jetzt bitte nichts Falsches.

Ich fang' an, auf den Teller zu stier'n…
Musstest du beim Lachen meine Schulter berühr'n?
Ich weiß nicht, was du mich als nächstes fragst…
Sag jetzt bitte bloß nicht, dass du mich magst!

Gern noch so'n Chardonnay…
Komm', lass uns quatschen, keiner tut keinem weh,

wenn du jetzt nur nichts Falsches von dir gibst.
Sag jetzt bitte bloß nicht, dass du mich liebst!

Nicht, dass du mich liebst,
nicht dass du mehr willst, als ist.
Höchstens, dass du manchmal gern
mit mir zusammen bist.
Doch „Ich lieb' dich" wär' ein Wort,
mit dem du was von mir verlangst.
Und dann spür' ich tief in mir
diese Beziehungsangst!

Es ist doch gut so, wie's ist.
Hast du bisher was vermisst?
Ich hab' auch nichts gegen Sex...
Nur gegen Künftige und Aktuelle und gegen jede Ex!

Doch Liebe stresst mich sehr, da fühl' ich mich wie
ein Wilderer mit Fellphobie,
wie ein asexueller Don Juan
wie Gott: ich bin tot und kein Gebet kommt bei mir an!

Sag jetzt bitte nichts Falsches.
        Sag jetzt bitte nichts Falsches.

Da kommt ja Bernd doch noch nach,
Hi Bernd! Na, das war ein Tag.
Hier ist Platz – ach nein, rück' du auf die Bank.
Nein, was ich da gemurmelt habe, war nicht:
Gott sei Dank...

Sag jetzt bitte nichts Falsches
        Sag niemals was Falsches.

Sag nicht, dass du mich liebst!
        Sag mir, dass du mich liebst!

Sag mir... Sag mir...

Sag jetzt bitte nichts Falsches.

Schwäne, Spiegel und Linden
D-Moll / D-Dur

In deinem Büro hätte eine Grafik
mit dem tanzenden Nurejew gehangen.
Du wärst heimlich in Köln oder Berlin
auf die Pirsch gegangen.
Du wärst inkognito
bei jedem Queen-Konzert gewesen.
Im Sommer hättest du am Strand von Malibu
Oscar Wilde gelesen.

In Interviews zu deinen Finanzen
hättest du ziemlich viel gelogen
In Las Vegas hättest du
irgendein halblegales Ding hochgezogen.
Deine Teilhaberschaft am Eurodisney in Paris
wäre nicht bekannt,
höchstens dein Engagement
für das Brühler Phantasialand.

> Linden, Spiegel und Schwäne,
> Schwäne, Spiegel und Linden.
> Wenn ich das nächste Mal in St. Michael bin,
> leg' ich dir wieder eine Rose hin.

Du hättest persönlich Entwürfe
für neue Marineuniformen kreiert.
Du hättest ein Event mit Streichquartett und Laser-Show
auf dem Forggensee organisiert.
Du wärst oft im Kabarett gewesen,
doch gelacht hättest du nicht.
Dir hätte Stockhausen den Feuerofen gewidmet
und den Dienstag aus „Licht".

Künstler und Politiker wären bei dir
zum Talk zusammengekommen.
Deine Friedensinitiative mit Arafat und Jimmy Carter
würde als etwas peinlich wahrgenommen.

Du hättest Phasen gehabt, da hättest du's gehasst,
wenn dich einer beim Denken stört.
Ich hätte gern – vielleicht –
zu deinem engeren Beraterkreis gehört.

Linden, Spiegel und Schwäne,
Schwäne, Spiegel und Linden.
Wenn ich das nächste Mal in St. Michael bin,
leg' ich dir wieder eine Rose hin.

Mit dir und Sisi, das wäre
wie mit Michael Jackson und Liz Taylor gewesen.
Ihr hättet mit verteilten Rollen
Tennessee-Williams-Stücke gelesen.
Elton John wäre
zu deinem Fünfzigsten gekommen.
Aber vorher hättet ihr beide in Thailand
ayurvedisch fünfzehn Kilo abgenommen.

Du hättest rätselhafterweise
im Gesicht keine Falten.
Zu Lady Di's Tod hättest du
die ergreifendste Rede gehalten.
Du hättest alle Filme
mit Barbra Streisand und mit Romy Schneider gekannt.
Du wärst ein wirklicher König gewesen –
in einem geträumten Land.

Linden, Spiegel und Schwäne,
Schwäne, Spiegel und Linden.
Wenn ich das nächste Mal in St. Michael bin,
leg' ich dir wieder eine Rose hin.

Wie wir alle warst du auf der Suche
nach Liebe und nach Glück
Du warst den anderen
hundert Jahre voraus
und du warst
zweihundert Jahre zurück.

Linden, Spiegel und Schwäne,
Schwäne, Spiegel und Linden.
Wenn ich das nächste Mal in St. Michael bin,
leg' ich dir wieder eine Rose hin.

Sophiechen
D-Dur

Der Mensch braucht Zuwendung und Zärtlichkeit,
einen kleinen Blick zu sich nach oben,
denn sein eig'ner Blick ist weit.
Wenn ich an dich denk', ist das ein Tag,
der einen schönen Gedanken hat.
Dann kann ich keine Möhren essen
und keinen Eisbergsalat.

Ich wusste immer, dass ich von dir
nicht viel erwarten kann.
Du sahst mich mit deinen schwarzen Augen
so ausdruckslos an.
Ich hab mir immer vorgestellt,
da ist jemand, der mich wirklich liebt.
Dir war wahrscheinlich nicht mal klar,
dass es dich selber gibt.

> Du gehst mir nicht aus dem Kopf, Sophiechen.
> Dabei konnt' ich dich noch nicht mal gut riechen.
> Ich denk' ich so oft an dich, Sophie.
> Ich pfiff so oft am Käfigrand und du kamst nie
> weiter als mit den Vordertätzchen auf meine Hand.
> Der Rest von mir blieb dir völlig unbekannt.

Du warst oft allein, das ist öde,
wir kauften Nucki, genannt der General.
Du zeigtest dich spröde,
er warb um dich wohl tausendmal.
Zugegebenermaßen auf eher quiekend-schlichte Art,
doch immer nur abgewiesen werden,
sag doch selbst: Das ist hart.
Er fragte sich sicher, ob bei dir
überhaupt was Leibliches geht.
Wir fragten uns, ob unser Sophiechen
eher auf was Weibliches steht.

Du gehst mir nicht aus dem Kopf, Sophiechen.
Dabei konnt' ich dich noch nicht mal gut riechen.
Ich denk ich so oft an dich, Sophie.
Ich pfiff so oft am Käfigrand und du kamst nie
weiter als mit den Vordertätzchen auf meine Hand.
Der Rest von mir blieb dir völlig unbekannt.

Du und deinesgleichen,
ihr werdet vielleicht sechs Jahre alt.
Ich wusste immer, es kommt ein Abschied,
doch ich dachte:
Hoffentlich kommt er nicht so bald.
Als es soweit war,
sagte meine neunjährige Tochter zu mir:
Sei nicht so traurig, Papa,
sie war ja nur ein Tier.
Was weiß es denn schon
von der Liebe, so ein Kind!
Davon wissen nur wir,
die wir älter sind.

Du gehst mir nicht aus dem Kopf, Sophiechen.
Dabei konnt' ich dich noch nicht mal gut riechen.
Ich denk ich so oft an dich, Sophie.
Ich pfiff so oft am Käfigrand und du kamst nie
weiter als mit den Vordertätzchen auf meine Hand.
Der Rest von mir blieb dir völlig unbekannt.

Es ist ein grausames Lied,
das ich sing'.
Die Evolution
ist ein seltsames Ding.
Wir sind viele!
Wir verstecken uns! Dies
ist eure Strategie.
Wo der Kondor fliegt,
gibt's euch am Spieß.
Das könnt' ich nie.

Du gehst mir nicht aus dem Kopf, Sophiechen.
Dabei konnt' ich dich noch nicht mal gut riechen.
Ich denk ich so oft an dich, Sophie.
Ich pfiff so oft am Käfigrand und du kamst nie
weiter als mit den Vordertätzchen auf meine Hand.
Der Rest von mir blieb dir völlig unbekannt.

Straßenmusiker in Paris
C-Moll / C-Dur

Nichts ist ohne Grund da, jedes Fenster hat ein Haus.
Man muss erst überlegen, und dann kriegt man es raus.
Ohne Wurzeln steht kein Baum da, ohne Eltern gibt's kein Kind.
Und es gibt Gründe, warum meine Lieder so sind, wie sie sind.

Die kleinen Straßen rund um den Gare d'Orsay,
auf dem Montmartre das kleine tunesische Café,
Die Champs-Elysées damals schon präsentations-
und konsumorientiert.
Flanierende Demoiselles süß-charmant und blasiert.

Ein Gout von Cannabis und billigem Rosé.
Hornhaut an der linken Gitarrenhand und die rechte tat weh.
Davon hat mich vieles fasziniert oder verstört.
Und ich glaub', dass man das heut'
in meinen Liedern noch hört.

> Das ist alles aus der Zeit,
> als ich Straßenmusiker in Paris war.
> Seitdem wohnt meinem Singen
> so 'ne rogative Komponente inne.
> Warum bleibt ihr nicht steh'n?
> Ihr seid es doch, für die ich singe!
> Gibt es denn wirklich so viele wichtigere Dinge?
> Ihr bekommt dieses Lied von mir –
> Lasst ihr vielleicht auch von euch was hier?
> Ich geb' euch mein Herz, meine Worte, meinen Ton –
> und was hab' ich davon?
> Das ist aus der Zeit in Paris.

Verloren wie ich, kamst du aus der Provence – aus Carpentras.
Wir waren schnell zwei, es war sofort was Gemeinsames da.
Es war die Rue de la Fontaine,
die heute einen anderen Namen hat:
Da gab's den besten Platz,
wir sangen unter einem Pastis-Werbe-Plakat.

Beatles in Terzen und Sekunden, Tamburin, Gitarre,
dein Akzent, der wie Lavendel klang.
Wir hatten unseren eigenen Stil erfunden
und wir sangen – und liebten uns – nächtelang.
Yersterday, Help und Get Back klangen so süß und so gut.
Und es gab nie eine leidenschaftlichere Version von Hey Jude.

Das ist alles aus der Zeit,
als ich Straßenmusiker in Paris war.
Seitdem wohnt meinem Singen
so 'ne rallentative Komponente inne.
Du Augenblick, du bist grade so schön –
die Zeit soll deshalb im Moment
mal etwas langsamer weitergeh'n.
Ein Ton ist ein Ich,
ein Akkord ist ein Wir.
Musik fängt erst an
zusammen mit dir.
Dieser Stream von Intervallen
vereint uns, besser, als wir das körperlich hinbekämen –
ach, wenn doch diese Harmonien
nie ein Ende nähmen.
Das ist aus der Zeit in Paris.

Fade-out oder Schlusskadenz,
das schönste Lied ist irgendwann vorbei.
In der Musik und auch überall sonst wird's November,
und das weißt du schon im Mai.
Er zeichnete Porträts und Karikaturen
am Ufer der Seine.
Ich wusste bald, das wird zu dritt
nicht lange weitergeh'n.

Wir sprachen gar nicht viel darüber,
irgendwann war klar:
Ich musiziere weiter,
ihr beide seid ein Paar.
Ich kam bald hierher zurück,
du bliebst nur in meinen Liedern bei mir –

die klängen anders ohne dich.
Du bist auch heute Abend hier.

Das ist alles aus der Zeit,
als ich Straßenmusiker in Paris war.
Seitdem wohnt meinem Singen
so 'ne resignative Komponente inne.
Warum gibt es immer wieder
so viele traurige nach ein paar glücklichen Tagen?
Warum müssen alle schönen Dinge
diesen Makel der zeitlichen Begrenzung in sich tragen?
Warum gehen die Musik, die Liebe und die Zeit vorbei?
Aber andererseits:
Wenn's anders wäre, wären wir dann frei,
frei für das Jetzt, für den Moment,
für das, was künftige Tage bringen?
Das ist da alles drin, das könn' Sie hör'n,
wenn Sie mir gut zuhör'n beim Singen,
das ist alles aus der Zeit in Paris.

Straßenschild und Polizisten
ohne Tonart

Ein Straßenschild mit rundem Kopf
stand einst herum als armer Tropf.

Weiß war die Mitte, die es bot.
Am Rand war's rund, bemalt in rot.

Kein Auto fuhr vorbei an ihm,
weil man nicht durfte! Das war schlimm.

So stand das Schild für lange Zeit.
Allein. Es wuchs die Einsamkeit.

Das Schildchen klagte: Meine Pein
wird sinnlos und vergeblich sein!

So tropfte von dem roten Rand
ein rotes Tränchen in den Sand.

Und siehe da: Der Tränen Fluss
erleichtert sehr des Schilds Verdruss.

Und darum: Einmal wöchentlich
ergab's fortan dem Kummer sich.

Stets dienstags zwischen neun und zehn
flossen die bitterlichen Trän'.

Einmal kam da ein Schutzmann her,
den rührten Schildchens Tränen sehr.

Bald kam die ganz Polizei
am Dienstag stets zum Schild herbei,

zum ein' aus Solidarität,
zum ander'n Teile zum Gebet.

Sie sangen lange Litanei'n.
Das Schildchen tät' sich dran erfreu'n

und war nun frohgestimmt und heiter.
Doch weint' es aus Gewohnheit weiter.

So wurd' allmählich – ahnt man's nicht?
der Gang zum Straßenschild zur Pflicht.

Auch diese Woche steh'n sie dort
am Polizisten-Wallfahrtsort.

Tausend Jahre sind ein Tag
(oder: Die spannende Geschichte, wie ich 25 Jahre nach dem
Abitur meinen Religionslehrer wiedergetroffen habe)
A-Moll

Ein junger Mönch in seinem Kloster, der sitzt da und liest
in der Bibel und liest so, dass er alles and're vergisst.
Vor dem Herrn sind tausend Jahre wie ein Tag, steht da.
Der Mönch, der denkt: Das ist mir nicht klar.

Wie kann es sein, dass einerseits die Zeit vergeht
und gleichzeitig und andererseits dann doch still steht.
Das gibt's doch nicht, das ist der Erfahrung nicht gemäß.
Das darf ein Mönch nicht denken. Tut er's doch, gibt's Stress.

Ich hatte einen Gruppenkoller, suchte Zeit und Sinn
und dachte: wo fahr' ich denn heut' allein mal hin?
Rein ins Auto, einen Tag lang mal auf und davon –
Wandern durch den Wald am Petersberg bei Bonn.

Markus? Sind Sie das? Wie schön, Sie hier zu seh'n!
Lassen Sie uns doch ein Stück des Wegs zusammen geh'n
in diesem schönen Wald, an diesem schönen Tag!
Und sagen Sie: Kennen Sie die Legende
vom Mönch von Heisterbach?

    Bin ich Rip van Winkle von Max Frisch
    oder nennt man mich den neuen Marty McFly?
    Flieht die Zeit, oder bin ich der, der ihr entwischt?
    Zwei Stunden Zwergen-Schlaf, sieben Jahre vorbei?
    Trag' ich Hörner auf der Stirn und einen Pelz?
    Bin ich 'ne Erfindung von H.G. Wells?
    Oder bin ich vielleicht – wer weiß das jetzt schon –
    Teil von so 'nem Einstein'schen Zwillings-Paradoxon?

Der Mönch, der wandernd zweifelnd durch die Waldesluft.
Da hört er, wie die Glocke ihn zur Vesper ruft.
Er kehrt zurück und alle reden ihn mit „Vater" an.
Das hat keiner getan, als heut' der Tag begann.
Von allen, die er kannte, ist keiner da.
Im Brunnenwasser spiegelt sich sein graues Haar.
Und an der Klosterkirche steht ein neues Haus.
Das sieht aber auch schon halb verfallen aus.

O Vater, Ihr seid uns völlig unbekannt!
Ihr tragt den Namen dessen, der vor 200 Jahren verschwand!
Der Mönch ruft „Credo" voll Freude und voll Not,
hebt die Hände zum Himmel – und dann ist er tot.
So wurd' ihm das zuletzt mit Tag und Jahren klar.
Denn was in der Bibel steht, ist immer wahr.
Und mir ging es genauso: Relativ ist die Zeit.
Das war nun geklärt. Ich war zur Rückkehr bereit.

> Bin ich Rip van Winkle von Max Frisch
> oder nennt man mich den neuen Marty McFly?
> Flieht die Zeit, oder bin ich der, der ihr entwischt?
> Zwei Stunden Zwergen-Schlaf, sieben Jahre vorbei?
> Trag' ich Hörner auf der Stirn und einen Pelz?
> Bin ich 'ne Erfindung von H.G. Wells?
> Oder bin ich vielleicht – wer weiß das jetzt schon –
> Teil von so 'nem Einstein'schen Zwillings-Paradoxon?

Na, dann Gruß an Ihre Lieben,
ich hoffe, die Geschichte hat Sie amüsiert.
Und ich dachte: Diese halbe Stunde
hat er genau wie früher doziert.
Außerdem dacht' ich,
und mir wurde in der Sonne kalt:
der sah gar nicht älter aus als beim Abitur damals,
höchstens genauso alt.

Und auf dem Weg zurück zum Parkplatz dachte ich:
Gleich komm' ich da an,
und hoffentlich steht da jetzt nicht so ein…
rapsstromgetriebenes

Autonomsteuerungs-Fahrzeug
aus Titan...
Erstzulassung in dem Jahr,
in dem ich 75 war.

Bin ich Rip van Winkle von Max Frisch
oder nennt man mich den neuen Marty McFly?
Flieht die Zeit, oder bin ich der, der ihr entwischt?
Zwei Stunden Zwergen-Schlaf, sieben Jahre vorbei?
Trag' ich Hörner auf der Stirn und einen Pelz?
Bin ich 'ne Erfindung von H.G. Wells?
Oder bin ich vielleicht – wer weiß das jetzt schon –
Teil von so 'nem Einstein'schen Zwillings-Paradoxon?

Tausend Jahre sind ein Tag?
Das sind ganz schön viele Stunden...
Und das hat nicht Udo Jürgens erfunden...
Dann ist die Sonne
vom Auf- und Untergeh'n gleichzeitig rot...
Und Charlie Parker ist erst seit vorgestern tot...
Dann brauche ich ganz schön lange
von dort nach hier.
Und das steht in der Bibel:
Psalm 90 Vers 4.

Thekenphilosoph
A-Moll

Schopenhauer, der war quasi
indisch aufgestellt.
In Baum, Stein, Tier, in dir und mir:
der Wille in der Welt.
Das Leben wird uns quälen,
wird der Wille nicht gebannt.
Das hätt' er nie geschrieben,
hätt' er Darwin schon gekannt.

    Bist du blöd, Mensch, warum sagst du nicht:
    ich liebe deine Stimme, deine Haare, dein Gesicht.

Würden alle Augen aus der Welt verschwinden,
gäb' es dann noch Grün?
Könnte man dann noch davon sprechen,
dass die Blumen farbig blüh'n?
Inwiefern ist ein Traum
weniger real als die Theke vor dir?
Und würde uns ein and'rer träumen,
wüssten wir das und säßen wir dann hier?

    Bist du blöd, Mensch, sag doch zu der Maus:
    komm doch heute Abend mit zu mir nach Haus.

Dein Nein, dass auch ein and'rer denkt,
wär' ohne dich noch da.
Doch wenn's der and're auch vergisst,
wird's dann von selbst zu einem Ja?
Und sieht man daran nicht:
ob einer was denkt, was bedeutet das schon?
Ist weitergehend überhaupt das Ich
nicht nur tröstende Illusion?

    Bist du blöd, Mensch: draußen ist's noch warm,
    geht doch los und nimm' sie in den Arm.

Du bist Vegetarierin
und atmest ganz bewusst?
Ein Lächeln von tief drinnen
ist das beste Mittel gegen Frust?
Ich find' den Dalai Lama auch irgendwie so toll
und heiz' nicht mehr das ganze Haus.
Authentisch ist wichtig,
nicht ob's Konto voll ist
und ich trete aus der Kirche aus.

Bist du blöd, Mensch…

Einfach mal die Fresse halten, dann
fängt vielleicht mit euch was Schönes an.

unlied (für dich)
D-Dur

für dich

für die ungewachsnen
bäume
für die ungeträumten
träume
für das vor sich selbst erschreckende
talent

für die ungesprochnen
worte
für die unbesuchten
orte
für die Menschen
deren Namen man nicht kennt

für dich

für die ungestellten
fragen
an den ungelebten
tagen
für den text
den garantiert keiner vertont

für die nie gefragten
weisen
für die ungereisten
reisen
für den unerstiegnen berg
am horizont

für dich

für die nie passierten
pleiten
ungenutzte
möglichkeiten
und für alle buchungen
ohne beleg

für die nenner
ohne zähler
für die unverziehnen
fehler
für die ziele
ohne jemand auf dem weg

für dich

für das früher
ohne später
ungefahrne
kilometer
für die unbekannten formeln
für die welt

für die unbegonnenen
zeiten
für die ungefühlten
weiten
für die zahlen
bis zu denen keiner zählt

für dich

für die unbelebten
plätze
für die ungeschriebnen
sätze
ungesungnen lieder
die nie einer hört

für terwassermenschen
holde und getüme
wirsch verhofft sein
und gestüm
für flat und rat
wenns heimlich wird

für dich

das ist für dich
das ist für dich

Verbotene Liebe
D-Dur

Ich sollte dich nicht lieben,
das sollte nicht so sein.
Ich sollte mich nicht jedes Mal,
wenn wir uns seh'n, so tierisch freu'n.
Ich sollte nicht so viel an dich denken.
Ich sollte nicht so viel an dich denken.

Wenn der Regen rauscht,
dann sollte das nicht immer wie dein Name klingen
und ich sollte deinen Namen auch nicht
beim Fahrradfahren leise vor mich hinsingen.
Ich sollte nicht überlegen,
was du für 'ne Blume wärst, wenn du 'ne Blume wärst.
Ich sollte nicht bei Google Maps recherchieren,
wohin genau du in den Urlaub fährst.

Ich sollte dich nicht lieben,
das sollte nicht so sein.
Ich sollte mich nicht jedes Mal,
wenn wir uns seh'n, so tierisch freu'n.
Ich sollte nicht so viel an dich denken.
Ich sollte nicht so viel an dich denken.

Ich sollte mir nicht lange Geschichten
mit dir in der Hauptrolle ausdenken.
Ich sollte dir nicht
so was Persönliches zum Geburtstag schenken.
Ich sollte, wenn wir uns
das nächste Mal begrüßen
und du mich kurz umarmst,
das nicht so unendlich genießen.

Das mit uns, das kann nicht geh'n,
das würde niemals funktionier'n –
Doch jetzt hast du mich kurz so angeseh'n,
als könnt' ich doch auf was spekulier'n.

Ich sollte dich nicht lieben,
das sollte nicht so sein.
Ich sollte mich nicht jedes Mal,
wenn wir uns seh'n, so tierisch freu'n.
Ich sollte nicht so viel an dich denken.
Ich sollte nicht so viel an dich denken.

Ich sollte meinen Freunden nicht
verklausuliert von dir erzählen.
Ich sollte auf meinem PC
keine Collage aus Fotos von dir herstellen.
Ich sollte besser kontrollieren können,
was ich will,
Ich sollte sein, was ich immer war:
emotional total stabil.

Ich sollte dich nicht lieben,
das sollte nicht so sein.
Ich sollte mich nicht jedes Mal,
wenn wir uns seh'n, so tierisch freu'n.
Ich sollte nicht so viel an dich denken.
Ich sollte nicht so viel an dich denken.

Aber:
Kann es denn schlecht sein, wenn's mir dabei so gut geht…
Kann es denn schlecht sein, wenn's mir dabei so gut geht…
Kann es denn schlecht sein, wenn's mir dabei so gut geht…

Ich sollte dich nicht lieben.
Ich sollte dich nicht lieben.
Ich sollte dich nicht lieben.

Vertröstelied
A-Moll / A-Dur / B-Dur

Ich mag es nicht,
wenn man mich hetzt.
Später ist
so gut wie jetzt.
Ergebnis geht vor
Schnelligkeit,
Quick and dirty
bin ich leid.

Du meinst ja nur,
die Zeit wär' da.
Doch was du willst,
ist dir das klar?
Muss es wirklich
heute sein?
Morgen heißt
noch lang nicht nein.

Du, ich glaube, ich brauch noch 'n bisschen mehr Zeit!
Du, ich glaube, ich bin gleich, ich bin gleich soweit!
Ich bin fast so weit, fast so weit, so weit zu sein!
Ich tüte die Sache grade klar für mich ein.
Ich bin in dem Thema echt total drin.
Doch ich bin nicht der Typ für'n fixen Termin,
So was, das geht nicht – nicht so nebenbei.
Ich hatte den Kopf dafür bis jetzt nicht so richtig frei.

Das ist ja jetzt
ganz schnell gemacht.
Doch haben wir das
auch durchdacht?
Nicht, dass ich plötzlich
bremsen will,
wir sind uns einig
über's Ziel.

Nein, nein,
ich hab' da
nichts verpennt.
Ich bin da
durchaus konsequent.
Aber: durch und Augen zu,
das will ich nicht,
sag, was willst du?

Du, ich glaube, ich brauch noch 'n bisschen mehr Zeit!
Du, ich glaube, ich bin gleich, ich bin gleich soweit!
Ich bin fast so weit, fast so weit, so weit zu sein!
Ich tüte die Sache grade klar für mich ein.
Ich bin in dem Thema echt total drin.
Doch ich bin nicht der Typ für'n fixen Termin,
So was, das geht nicht – nicht so nebenbei.
Ich hatte den Kopf dafür bis jetzt nicht so richtig frei.

Für's Abi lernen….
Ausführliche Begründung
für die Kriegsdienstverweigerung abschicken…
Zum Seminar anmelden...
Zusammenziehen…
Heiraten…
Dissertation mal zu Ende schreiben...
Thema Kinder...
Powerpointvorlage für's Konzernprojekt abgeben...
Kind zum Logopäden bringen…
Deine Eltern mal einladen…
Mal unser altes Thema besprechen…

Ich bin nicht der klassische
Auf-die-Reihe-Krieger.
Ich spiele ganz vorn
in der Prokrastinations-Liga.
Vieles kann man jetzt
oder jedenfalls heute besorgen.
Aber geht's nicht mit demselben Ergebnis
auch morgen – morgen – morgen – morgen?

Du, ich glaube, ich brauch noch 'n bisschen mehr Zeit!
Du, ich glaube, ich bin gleich, ich bin gleich soweit!
Ich bin fast so weit, fast so weit, so weit zu sein!
Ich tüte die Sache grade klar für mich ein.
Ich bin in dem Thema echt total drin.
Doch ich bin nicht der Typ für'n fixen Termin,
So was, das geht nicht – nicht so nebenbei.
Ich hatte den Kopf dafür bis jetzt nicht so richtig frei.

Schuldigung.

Wenn wir was anderes wär'n
C-Dur

> Wenn wir
> was anderes wär'n,
> dann hätten wir
> uns genauso gern.
> Es kommt nur darauf an, dass man
> sich gut leiden kann.

Wär' ich ein Periskop,
sähe man durch mich nur dich.
> Wärst du eine Antilope,
> wär' ich dein Antiloperich.
Wärst du eine Überschrift,
wär' ich gern der erste Satz.
> Wenn ich ein Nistkasten wär,
> wär' es schön, du wärst der Spatz.

Wär' ich ein Chor,
wärst du der Dirigent.
> Wenn du vorlaufen würdest,
> wär' ich der, der hinterherrennt.
Ich wäre gern ein Notenschreibprogramm,
du wärst der Speicherplatz.
> Ich möchte eine Kiste sein,
> du wärst da drin der Schatz.

Ich wäre gern eine kleine Narbe
in deinem Gesicht, auf deiner Hand.
> Ich wäre gern ein großer Eimer Farbe.
> Du wärst eine leere Wand.
Wärst du ein See,
wär' ich eine Bucht,
> wärst du ein Reh,
> wär' ich der kleine Rehbock, der es sucht.

> Ich wär' gern eine Langspielplatte,
> du wärst meine Rille.

Wärst du eine Nase,
wär' ich deine Brille.
    Wärst du eine Brille,
    würd' ich dich durchschauen.
Wärst du ein Augenblick der Stille,
würd' ich scheppernd auf den Tisch hauen.

    Ich wäre gern ein weißes Blatt Papier
    und du ein Tintenklecks.
Wenn du mein Verflossener wärst,
wär' ich deine Ex.
    Wärst du eine Frage,
    würde ich dich fragen.
Wärst du die richtige Antwort,
würd' ich das Gegenteil sagen.

    Wär' ich ein Ei,
    wärst du die Schale.
Ich wär' gerne eine Maus –
dann wärst du die Falle und
wenn du ein Pfund Nudeln wärst, wär' ich die Bolognese.
    Ich wär' gern ein Block Frittenfett,
    dann wärst du das Thermostat an der Fritteuse.

    Wenn wir
    was anderes wär'n,
    dann hätten wir
    uns genauso gern.
    Es kommt nur darauf an, dass man
    sich gut leiden kann.

Wenn du schlafen gehst,
dann wär' ich gern dein Traum.
    Wenn du duschen gehst,
    dann wär' ich gern dein Seifenschaum.
Wär' ich ein Kissen,
wärst du das Federbett.
    Im Bad wär'n wir das allerschärfste
    Tandem-Rasierklingen-Set.

Wärst du ein Panther,
wär' ich dein Gitter.
    Wärst du auch ich, wär' ich ein Zwitter und
    wärst du eine Weinbergschnecke, wär' ich dein Salat.
Wärst du ein Freiland-Gen-Experiment,
dann wär' ich gern das Resultat.

Wärst du Zigeunerjunge oder Baum,
wär' ich Alexandra.
    Wärst du nicht du – ich glaube kaum,
    dass ich ich wär', nein, ich wär' ein andrer.
    Du wärst als App auf meinem Handy
    mir beim Daddeln echt ganz recht.
Wärst du Ronny, wär ich Mandy,
denn es wor nicht älles schlecht.

    Wenn wir
    was anderes wär'n,
    dann hätten wir
    uns genauso gern.
    Es kommt nur darauf an, dass man
    sich gut leiden kann.

    Du sollst der Fluch sein,
    der mich verhext.
Ich möchte gern ein Buch sein –
du wärst mein Klappentext.
    Wäre ich nüchtern,
    wärst du ein Glas mit weißem Rum.
Wäre ich schüchtern,
dann wärst du mein Publikum.

    Wär' ich Brauhaus-Philosoph,
    wärst du die Zapfkraft am Buffet.
Du wärst mein Meta-Kölsch,
    du meine All-Mett-Flat.
    Und fast möchte ich ein Hundehaufen sein.
Wenn du's wärst:
ich träte in dich rein.

Ich wäre gern ein Jazzakkord,
du wärst der sechste Ton.
Ich möchte gern ein Missverständnis sein,
du wärst die Mediation.
Ich wäre gern dein Genitiv.
Was dich angeht, wär' ich gern noch mal total naiv.
Ich wäre gern ein Lied, das du gern hörst.
Ich wäre gern, was du gern wärst.

Du – es geht nicht um Identität!
Es ist egal, was du bist.
Wichtig ist nur, wenn du weg bist,
dass dich dann
einer vermisst.

Wenn wir
was anderes wär'n,
dann hätten wir
uns genauso gern.
Es kommt nur darauf an, dass man
sich gut leiden kann.

You, Me & Mo
(Man muss sich im Leben auch verorten)
A-Moll

Ich bin aus Köln.
Du kamst aus Kleve.
Wir trafen uns am Pfandautomaten im Rewe.
Ich sagte:
Tschuldigung, nicht, dass Sie umsonst hier steh'n,
die nimmt er nicht.
Und du drehtest dich um
und ich sah in dein Gesicht.
Und ich dachte „Zoom" und stotterte rum,
lud dich auf einen Kaffee ein,
mir fiel nichts besseres ein.
Mit deinem Lächeln sagtest du:
Normalerweise sag ich bei sowas nein...
Und so bist du in mein Leben geraten.
Am Pfandautomaten.

> Man muss sich im Leben auch verorten:
> sich, das Licht und den Schatten.
> Pfandautomaten.

Jedes Mal in einer Autowaschanlage
denk ich an unsre heiße Zeit, an unsre großen Tage -
das war wilde Liebe, fast schon Sport,
wir wollten immer mehr
an jedem denkbaren Ort,
ich war dein bärtiger Tigerbär.
Für das verrückteste Mal
von unseren viele Malen
mussten wir den
Premium-Wäsche-Preis mit Unterboden-Schutz bezahlen.
Daran denk ich heute noch –
nie ohne Lächeln, keine Frage –
jedes Mal in einer
Autowaschanlage.

Man muss sich im Leben auch verorten
mit seinen Heldentaten.
Autowaschanlagen.
Pfandautomaten.

Es war am Heißluft-Brillen-Klarsichtgerät
im Urwaldhaus im Zoo.
Zoobesuch zu dritt:
ich, du und deine Freundin Mo.
Tritt man dampfbeschlagen in das Urwaldhaus ein,
dann sieht man erst mal nichts
und hört nur die Bonobos schrei'n.
Ich wischte, setzte die Brille wieder auf und sah wieder klar,
doch sah ich nicht mehr klar,
wie das mit uns beiden war.
Deine Hand kurz in Mos Hand,
ihr tauschtet einen Blick, den ich nicht verstand.
Du sahst verschreckt und schuldbewusst und glücklich aus.
Warum, fragte ich mich
am Heißluft-Brillen-Klarsichtgerät im Urwaldhaus.

Man muss sich im Leben auch verorten.
Ereignisse sind Saaten.
Urwaldhäuser.
Autowaschanlagen.
Pfandautomaten.

Ich saß am Klavier
und wollte eine Akkord-Folge knacken.
Da spürte ich
deinen warmen Atem im Nacken
und du schlangst deine Arme von hinten um mich.
Das hätte schön sein können,
doch was du sagtest, war es nicht.
Dass du mich irgendwie liebst, doch du wüsstest jetzt genau:
Richtig glücklich würdest du
nur mit einer Frau.
Das zu erkennen, war ich wichtig,
dafür danktest du mir.
Da fühlt ich mich echt schlecht

und das ist heut' noch da –
immer am Klavier.

> Wir soll'n uns im Leben auch verorten,
> um zu wissen, was wir hatten.
> Klaviere.
> Urwaldhäuser.
> Autowaschanlagen.
> Pfandautomaten.

Epilog

Die Macht der Musik
F-Dur / A-Dur

Wenn ein Luftteilchen fünfzehnmal schwingt
und das andere achtmal,
dann ist das das Das, das in deinem Ohr
die große Septime macht.
Mein Lieblingsintervall!
Es macht im Ohr so ein weiches Gefühl
und es öffnet ein Herz,
das sich öffnen lassen will.

Wenn sich die Alliterationen
und die Endreime fügen
und dir absteigende Motive
zart in den Ohren liegen,
dann geht die gesungene Geschichte
in dich rein
und du kannst selbst, wenn du willst,
ein Teil von ihr sein.

      Das ist die Macht der Musik!
      Das ist eine schöne Wirkung
      der Worte und der Töne.
      Dass sie dich mich anlächeln lässt
      und mich dich.
      Geh noch nicht weg
      nach dem letzten Lied,
      dass nicht nur im Lied
      was Schönes geschieht.

Wer singt, der kann in dieser Zeit mit seinem Mund
nichts Unfreundliches sagen.
Vielleicht ist heut' aus diesem Grund
einer von den friedlicheren Tagen.

Wer einen Basston hört und ihn gleichzeitig
tief in der Bauchgegend spürt,
der sollte wissen, dass er seine eigene
evolutive Vergangenheit berührt!

     Das ist die Macht der Musik!
     Das ist eine schöne Wirkung
     der Worte und der Töne.
     Dass sie dich mich anlächeln lässt
     und mich dich.
     Geh noch nicht weg
     nach dem letzten Lied,
     dass nicht nur im Lied
     was Schönes geschieht.

Ein Schlussakkord mit einer None,
bis ganz nach oben arpeggiert,
der sagt: Leute, das war's jetzt,
ich hab' lang genug musikalisch funktioniert.
Denn es gibt nicht nur die Kunst.
Ich will auch ein wenig Realität
ohne Tasten, ohne Töne,
vielleicht auch ohne Worte.
Zeigst du mir, wie das geht?

Rück' doch ein Stück zur Seite,
dass ich mich hier quer positionieren kann
und meinen Kopf, der ist schwer,
auf deinen Schoß legen kann und dann
bleiben wir
einfach noch was hier.
Und dann kann ja auch mal
ein anderer ans Klavier.

     Das ist die Macht der Musik!
     Das ist eine schöne Wirkung
     der Worte und der Töne.
     Dass sie dich mich anlächeln lässt
     und mich dich.

Geh noch nicht weg
nach dem letzten Lied,
dass nicht nur im Lied
was Schönes geschieht.